AF503362

DÉPARTEMENT DE LA HAUTE-GARONNE

MONOGRAPHIE

DE LA

COMMUNE DE GRÉPIAC

MENTION HONORABLE

(Avec Eloges)

A L'EXPOSITION SCOLAIRE DE TOULOUSE 1885

Par J.-D. DOUMENG

TOULOUSE
IMPRIMERIE F. TARDIEU
1, RUE DU MAY, 1

1885

MONOGRAPHIE

DE LA

COMMUNE DE GRÉPIAC

La commune de Grépiac, une des onze communes du canton d'Auterive, canton languedocien, est un territoire de la basse Ariège, appartenant à l'arrondissement de Muret et au département de la Haute-Garonne. Elle est située à 42° 24' 20" de latitude N. et à 0° 53' 56" de longitude O.

Ses limites sont : à l'Est, la commune de Labruyère ; au Nord, la commune de Venerque ; au Nord-Est, la commune d'Issus, au Nord-Ouest, la commune du Vernet ; au Sud-Ouest, la rivière de l'Ariège qui la sépare de la commune d'Auterive, et le ruisseau de la Lantine qui la sépare de la commune de Miremont; et, au Sud, la commune d'Auterive. Toutes ces limites sont conventionnelles, sauf celles de l'Ariège et du ruisseau de la Lantine, et toutes les communes limitrophes font partie du canton d'Auterive, sauf celle d'Issus (Montgiscard).

La commune de Grépiac a 4,150 mètres dans sa plus grande longueur, du sud au nord, 2.500 mètres de largeur au sud, 500 mètres au centre, qui est le village, et 3,650 mètres au nord. Sa superficie totale est de 754 hectares.

Sur cette surface on compte :

1° Terrain appauvri par les inondations : terrain caillouteux..............................	8 hect.
2° Terrain en friche. Terrain rocailleux............	2 hect.
3° Terre d'alluvions..............................	21 hect.
4° Terrain graveleux..............................	23 hect.
5° Terrain argilo-calcaire..............................	550 hect.
6° Terres argilo-sableuses..............................	150 hect.
Total égal..............................	754 hect.

Ces terres peuvent être ainsi réparties :

1° Terres labourables:	
1. Graines alimentaires, céréales, tubercules et racines..............................	255 hect.
2. Fourrages artificiels..............................	200 hect.
3. Vignes..............................	74 hect.
4. Jachères..............................	200 hect.
2° Prairies naturelles ou permanentes..............................	3 hect.
3° Bois..............................	5 hect.
4° Jardins..............................	6 hect.
5° Friches..............................	2 hect.
6° Superficies bâties et voies de transport..............................	9 hect.
Total égal..............................	754 hect.

Grépiac est à une distance de 7 kil. du chef-lieu du canton de 15 kil. du chef-lieu d'arrondissement et de 26 kil. du chef-lieu du département.

La rivière de l'Ariège, qui descend des Pyrénées, traverse le territoire de la commune dans la direction du S.-E. au N.-O. et la divise en deux parties; une partie de plaine au S.-O et à l'O., et une partie accidentée au S.-E., à l'E et au N., formée par les premières ramifications des coteaux du Lauraguais, dont le plus important est celui de Cantemerle qui a environ 230 mètres d'élévation. La crête de ce coteau forme un plateau de terrain argilo-calcaire où l'on cultive les céréales et la vigne. La partie accidentée couvre environ les trois quarts du territoire de la commune et comprend les sections cadastrales A, D, E dans leur entier et la partie septentrionale de la section B; la partie méridionale de la section B et la section C forment la partie plate de la commune.

Indépendamment de la rivière de l'Ariège, trois ruisseaux arrosent la commune de Grépiac : le ruisseau d'Esclède, le ruisseau de Loubens et le ruisseau du Rival: ils prennent naissance dans les coteaux du Lauraguais, jettent leurs eaux: le ruisseau d'Esclède et le ruisseau de Loubens dans le canal du moulin, rive droite; et le ruisseau du Rival dans l'Ariège, aussi rive droite. Ils débitent : le premier 100 litres, le second 20 litres et le troisième 60 litres d'eau par minute. Ces ruisseaux ne subissent de crues qu'en hiver et ne débordent jamais; en toute saison ils sont guéables.

L'Ariège est navigable dans la traverse de Grépiac; elle est guéable pendant les mois d'août et septembre, alors que ses eaux sont à leur étiage. Deux gués sont bien connus : l'un du lieu dit le Ramier, en face l'emplacement de la métairie Jean Gasc, au confluent du ruisseau la Mouillonne, commune de Miremont; l'autre à cent mètres environ en aval du pont, au N.-O. du village.

A Grépiac, chaque maison a, en général, un puits, et l'eau de tous les puits est à peu près la même, bonne à boire, vive et limpide ; elle dissout le savon et cuit facilement les légumes ; elle est potable et abondante. La profondeur des puits, sauf quelques rares exceptions, varie entre 3 et 5 mètres, et cette homogénéité de profondeur prouve assez l'existence d'une nappe d'eau qui alimente tous ces puits. On trouve aussi plusieurs fontaines naturelles à jet continu, dont une est publique et débite par une cannelle 8 litres d'eau par minute; elle est située au lieu dit le Rival, dans le ruisseau de ce nom, à cent mètres du centre du village; les autres fontaines appartiennent à des particuliers : une de ces fontaines est dans un enclos de M. Niel, une autre à la métairie de Baget, appartenant à M. de Baichis, une troisième est à Louxaut sur la propriété de Mme Jassereau, à gauche du chemin de grande communication n° 13 ; l'eau de cette dernière, en s'évaporant à l'air, produit des incrustations calcaires, mais le débit est très faible.

Le village de Grépiac est construit sur un terrain plat, entre le coteau de Cantemerle et la rive droite de l'Ariège. En cet endroit, la rive est verticale, c'est une roche de grès de 13 mètres d'élévation.

L'altitude va décroissant du S.-E. au N.-O ; elle est de 180 mètres au village.

Au point de vue climatologique, la commune de Grépiac appartient à celle des cinq régions de la France que l'on appelle la région Girondine et qui s'étend entre la Loire, les Cévennes, les Pyrénées et le golfe de Gascogne. Elle est soumise à l'action des Pyrénées qui arrêtent souvent les nuages et les obligent à se décharger sur les vallées les plus rapprochées. Les pluies, assez ordinaires et quelquefois abondantes, sont rarement accompagnées de vent. La quantité de pluies tombée annuellement est en moyenne de 60 cent. Ces pluies amènent parfois des crues subites de l'Ariège, surtout lorsque, au commencement de l'été, elles sont chaudes et fondent sur les Pyrénées, d'où cette rivière descend, des neiges épaisses. Elles amènent aussi, mais très rarement, des inondations comme celle du 23 juin 1875. En hiver, le thermomètre descend jusqu'à 4• et la neige est peu fréquente ; en été, la chaleur atteint 34°, ce qui donne une température moyenne de 12 à 15 degrés. Il grêle rarement : en 1885 et le 1er août, elle a littéralement ravagé les vignes, le maïs et les légumes ; les toits ont eu leurs briques brisées ; une grande quantité de gibier a péri sous le coup des grêlons qui étaient gros comme des œufs de poule ; les arbres ont été effeuillés et ébranchés. Les ouragans, fréquents dans le pays, y causent rarement des dégâts. La douceur relative du climat, pendant la rigoureuse saison, est due aux effets du vent tempéré du S.-E. ou mistral, vulgairement nommé l'autan, dans le pays, mais s'il produit de bons effets en hiver, il cause parfois des dégâts, en été, quand le blé est mûr. Les vents d'O. et du S.-O. y soufflent rarement. L'air, salubre par lui-même, est rendu plus salubre encore par la propreté des habitants pour leurs maisons et pour tout ce qui concerne l'hygiène publique.

II

D'après le recensement de 1881, la population de Grépiac est de 468 habitants. Ce chiffre n'a jamais dépassé 600, il était de 576 en 1876. La population tend à diminuer. En 1875, la digue du moulin, sur l'Ariège, fut endommagée par l'inondation. Le propriétaire, après y avoir fait de vaines dépenses en réparations, se voit obligé de quitter l'usine pour des causes involontaires. Depuis ce moment plusieurs familles, qui trouvaient dans cet atelier de quoi gagner aisément leur vie, ont cherché du travail dans d'autres usines et ailleurs. D'autres habitants quittent la commune pour aller s'établir à la ville où ils espèrent trouver une vie plus agréable et plus douce. Les emplois sur les lignes de chemin de fer ont aussi attiré quelques familles. Telles sont les causes de la diminution de la population de Grépiac.

Le territoire de la commune est divisé en cinq sections: A, B, C, D, E. Le plan cadastral ou atlas de Grépiac a été levé en exécution de l'arrêté du gouvernement du 12 brumaire an II; il a été terminé le 1er thermidor an XI (20 juillet 1803) par le citoyen Grandvoinet, géomètre en chef, et le citoyen Lacurie, arpenteur.

D'après le plan cadastral, la section A est formée des lieux-dits suivants: Campagne (métairie); Labercurie, actuellement Laprintanière (métairie); le Bourias, aujourd'hui le Bouyrac (métairie); le Prat-Grand (métairie démolie); Redoune, Lobit, le Pech, les Vignaux, la Garenne; Poutchou (métairie et maison bourgeoise) ; Cantemerle (métairie) , Bardettis, Ferrelèbres ; Saint-Jammes (métairie) ; Barliac; Tarabel, Le Coustalat, Al-Rival, la Gourvade, Brantane. Le terrain est partout argilo-calcaire, mélangé d'un peu de sable.

La section B comprend les lieux-dits suivants : Bernadenne, aujourd'hui Bernadine, d'un terrain argilo-calcaire ; Loubens et la plaine de Dreuille d'une terre argilo-sableuse ; Pascalot (métairie), d'un terrain argilo-calcaire au N. et argilo-sableux au S ; la Grave, ainsi appelée parce que le terrain est graveleux ; Als-Cigals ; Mazérat ; las Courréges et Pèpe, dont le terrain est argilo-calcaire ; Al-Rieu-de-Fourio ; terre argileuse ; le Calfage et la Palanque : terre graveleuse ; Laubarède, ancien lit de l'Ariège, d'un terrain formé par les eaux et les crues de cette rivière : terre d'alluvions, riche en humus; au Moulin, ancienne usine, terre sableuse ; Baget (métairie), terre argilo-sableuse ; Friche-des-Communaux, aujourd'hui le Prat : terre d'alluvions riche en terreau ; Ramier du moulin : terre sableuse détruite par les inondations et en friche ; las Palégeades : terrain graveleux détruit par les inondations et surtout par celle de 1875 et par les crues de 1878 ; Ruisseau-d'Esclède ; Gaillard-Tournié (hameau), Saint-Germier (hameau), et Al-Bousquet : terrain graveleux. Le terrain graveleux de cette section est formé par les anciennes inondations d'après une tradition très accréditée des habitants de Grépiac.

La section C est formée par les lieux-dits : Lavernière (métairie) ; le Ramarot ; la Bourdette (métairie) et la Piboule. La terre de cette section est très sablonneuse et le sous-sol est graveleux. D'après la tradition dont il est parlé plus haut, c'est aussi l'ancien lit de l'Ariège.

Les lieux-dits le Prat, l'Ilot et la Piboule étaient, avant la Révolution, des terrains communaux. Ils ont été partagés par parties égales entre tous les habitants de la commune.

La section D comprend les lieux-dits suivants: la Pigeonnière et la Tuilerie : terre argilo-calcaire ; Als-Cazals et Al-Claux : terre argilo-calcaire renfermant quelque peu d'humus. C'est la section du village.

Dans la section E, on trouve les lieux-dits : las Coundominos : terre argilo-calcaire mélangée de débris de démolitions ; Las-Canelles et Louxaut, dont le terrain est appauvri par les inondations qui y ont apporté du gravier.

La population de Grépiac est ainsi répartie :

	Section	Feux	Population
Le Village........................	D	94	306
Gaillard-Tournié (hameau)..........	B	22	69
Saint-Germier id.	B	6	13
Dreuille (métairie)...............	B	1	10
Pascalot id.	B	1	10
Poutchou id.	A	2	9
Cantemerle id.	A	1	7
Lavernière id.	C	1	6
Lamoulinière id.	A	1	5
Campagne id.	A	1	5
Tédélou id.	A	1	5
Labourdette id.	C	1	5
Laprintanière id.	A	1	4
Laborie id.	E	1	4
Bouyrac id.	A	1	4
Lamartine id.	A	1	3
Moulin à farine....................	B	1	3
Total...........		137	468

D'après ce tableau, le chiffre de la population agglomérée est de 306 avec 94 feux, et celui de la population éparse est de 162 avec 43 feux.

A la tête de la commune est placé M. Ressizac (Bertrand),

maire, pour exercer les deux ordres de fonctions qui se rapportent à la double situation des communes dans l'Etat. Il a, pour le seconder dans l'exercice de ses fonctions, un adjoint, M. Samara (Jacques). Auprès du maire, administrateur de la commune, est établie l'assemblée délibérante ou conseil municipal. Cette assemblée est formée de MM. Ressizac (Bertrand), maire, Samara (Jacques), adjoint Espès (Martial), Duffaut (Antoine), Brus (Jacques), Gineste (Bertrand), Delgay (Guillaume), Lafont (Jacques), Rougagniou (Jean-Pierre-Anne) et Mandement (Antoine). Neuf de ces membres ont été élus par les électeurs de la commune le 4 mai, et un, le 11 mai 1884; et tous installés dans leurs fonctions le 18 du même mois, conformément à la loi du 5 avril de la même année. Dans la même séance de son installation, le conseil municipal a procédé, au scrutin secret et à la majorité absolue des suffrages, à l'élection de M. le maire et à celle de M. l'adjoint, en exécution des articles 76, 77 et 80 de la loi municipale précitée.

Comme collaborateur du maire pour le travail du bureau et la conservation des archives, est un secrétaire de mairie. Ces travaux de bureau étant peu étendus, les fonctions de secrétaire sont réunies à celles d'instituteur.

Dans ce cas, l'autorisation du conseil départemental de l'instruction publique étant nécessaire, l'instituteur actuel a obtenu cette autorisation le 18 novembre 1878.

Un garde-champêtre est chargé de rechercher, dans le territoire de la commune pour lequel il est assermenté, les délits et contraventions de police qui portent atteinte aux propriétés confiées à sa garde.

Un tambour-afficheur est chargé d'apposer les affiches publiques ou privées dans les lieux à ce destinés ; il remplit en même temps les fonctions de crieur public pour les affaires administratives ou privées.

Un cantonnier, nommé par M. le Préfet, a son poste à

Grépiac. C'est un ouvrier stationnaire employé par l'administration des chemins vicinaux aux travaux de main-d'œuvre pour l'entretien journalier et la réparation du chemin de grande communication n° 13, de Toulouse à Auterive, du point kilométrique 28.500 au point kilométrique 30.500, et du chemin d'intérêt commun n° 60, de Grépiac à Saint-Sulpice, du pont de Grépiac au village de Miremont.

Un instituteur public est chargé de donner aux garçons l'enseignement primaire. Cet enseignement est donné aux filles par des sœurs de la Croix-de-Saint-André depuis le mois de novembre 1847, établies et entretenues généreusement par Mlle Vincentine Cluzel, de Grépiac.

Le culte catholique est le seul professé par les habitants de la commune de Grépiac, qui est succursale. Il est exercé sous la direction d'un prêtre-desservant. Les dépenses de la célébration du culte sont supportées en entier par la fabrique de l'église, la commune paie seulement un supplément de traitement à M. le curé.

La perception des impôts directs est faite par un percepteur résidant au chef-lieu du canton, à Auterive. Ce percepteur remplit les fonctions de receveur municipal, et à ce titre il est chargé de poursuivre la rentrée de tous les revenus de la commune, ainsi que d'acquitter les dépenses ordonnancées par M. le maire jusqu'à concurrence des crédits régulièrement accordés et inscrits au budget communal. La perception des impôts indirects est faite par un receveur ambulant résidant au canton, et les frais d'enregistrement sont acquittés au même lieu entre les mains d'un receveur de l'enregistrement.

La boîte aux lettres est placée dans le mur de la façade nord de la mairie, au centre du village. Elle renferme un timbre représentant la lettre A dont l'empreinte doit être portée par toutes les lettres et tous les paquets qu'elle reçoit et par le part du facteur. La levée est faite le matin de chaque jour par un facteur du bureau de Venerque : la commune de Grépiac appartient à l'arrondissement rural de ce bureau. Elle est desservie par le bureau télégraphique établi au bureau de poste de Venerque.

Le principal des quatre contributions directes s'élevant à 5.043 fr. 25, la valeur du centime est de 50 fr. 4325.

Les revenus ordinaires de la commune provenant des centimes additionnels votés par le conseil municipal en vertu des lois de finances sont les suivants :

1° Cinq centimes additionnels.	222 fr.
2° Huit centimes sur le principal des patentes	15 fr.
3° Attribution sur le produit des amendes . .	1 fr.
4° Produits des permis de chasse	30 fr.
5° Taxe municipale sur les chiens	100 fr.
6° Attribution sur l'impôt des voitures et chevaux	6 fr.
7° Rentes sur l'Etat	15 fr.
8° Expédition des actes de l'état civil	1 fr.
9° Intérêts des fonds placés à la caisse de service	15 fr.
Total des revenus ordinaires	405 fr.

A ces centimes s'ajoutent ceux que les communes sont tenues de s'imposer en cas d'insuffisance de leurs ressources pour subvenir aux dépenses de l'instruction primaire, aux dépenses des chemins vicinaux, au traitement du garde-champêtre et aux dépenses annuelles obligatoires ou facultatives au paiement desquelles les centimes additionnels ordinaires et les autres revenuus communaux ne peuvent suffire.

III

D'après l'ordre de leur importance, les principales productions de la commune, ainsi qu'elles ont été reconnues par des travaux de statistique officielle, sont : blé : 2,740 hectolitres; vin : 1,776 hectolitres ; maïs : 1,250 hectolitres; bois : 2,700 mètres cubes; avoine : 250 hectolitres ; pommes de terre : 90 quintaux métriques ; haricots : 100 hectolitres ; lentilles : 20 hectolitres ; betteraves fourragères pour l'alimentation du bétail : 250 quintaux métriques ; sainfoin : 5,670 quintaux métriques : trèfle : 5,400 quintaux métriques; vesces : 600 quintaux métriques ; luzerne : 5,400 quintaux métriques ; trèfle incarnat : 50 quintaux métriques : prés naturels : 240 quintaux métriques.

On compte dans la commune 39 chevaux, 2 mulets, 8 ânes, 112 bœufs de travail, 19 vaches ou génisses, 10 veaux, 500 animaux de l'espèce ovine, 218 animaux de l'espèce porcine. Le produit de la laine peut être évalué à 896 kilogrammes. On trouve peu de ruches dans la commune, 16, produisant un rendement annuel de 192 kilogrammes de miel et 32 kilogrammes de cire.

L'élevage des animaux de la basse-cour est une source de revenus pour les ménages. Les pigeons sont très nombreux dans la commune : la plupart des métairies et des maisons du village possèdent de vastes colombiers que l'on voit s'élever au-dessus des maisons ou isolés en forme de tours carrées.

D'après ces rendements agricoles, il est facile de conclure que Grépiac tire de son sol, bien au-delà, les moyens de pourvoir à ses besoins. La principale culture est celle du blé ; viennent ensuite celles de la vigne et du maïs. Les autres produits agricoles ne sont cultivés que pour les besoins des habitants : l'excédant seul est livré au commerce.

La commune est essentiellement agricole et vinicole. Les assolements en usage sont : 1° l'assolement biennal pour les propriétaires cultivateurs ; 2° l'assolement triennal pour les grandes exploitations. Chaque feu a son lopin de vigne qui produit du vin au-delà de sa consommation ; les grandes exploitations le livrent au commerce. Le vin, quoique petit, est excellent : il ne dépasse pas 8 et 9 degrés d'alcool; sa couleur est assez foncée. Grépiac est encore indemne du phylloxera.

On trouve dans les bois le chêne blanc et le chêne noir, l'acacia et l'orme. On trouve aussi l'aune, le peuplier noir, le peuplier tremble et le saule. Le chêne et le peuplier sont employés comme bois de construction, et les charrons utilisent l'acacia et l'orme.

Chaque année le rendement moyen en viande des animaux vendus à la boucherie peut être ainsi établi : 28 bœufs, vaches ou taureaux produisant un poids net en viande de 4.760 kilogrammes; 7 génisses, 594 kilogrammes; 25 veaux, 1,500 kilogrammes; 65 moutons ou agneaux, 1,105 kilogrammes et 146 porcs produisant 14,600 kilogrammes de viande.

La chasse est peu productive: 30 lièvres, 50 lapins, 50 perdreaux, 250 cailles et 20 sarcelles sont à peine livrés au commerce. Les chasseurs peu nombreux consomment dans leurs ménages le produit de leur chasse.

La pêche est exercée dans la rivière de l'Ariège au profit de l'Etat par un fermier adjudicataire: elle est faite avec des bateaux et des filets. La pêche à la ligne est tolérée et les habitants en profitent ; pendant la belle saison, on voit arriver le dimanche bon nombre de Toulousains qui viennent se récréer en pêchant à la ligne. Les espèces de poissons que l'on prend le plus souvent sont les ablettes, le barbeau, le chabot ou meunier, l'ombre commun et le goujon ; on prend quelquefois, mais rarement, l'anguille, la truite et la tanche.

La pêche produit annuellement 22 quintaux métriques de poisson que l'on colporte ou que l'on exporte à Toulouse. Dans ce produit n'est pas compris le poisson pris à la ligne tolérée.

Grépiac possède trois établissements industriels occupant ensemble sept ouvriers.

1° Un moulin à eau, sur l'Ariège, employé à la mouture des grains. Il a été construit en l'an IX. En 1867, une compagnie l'a transformé en usine dont les produits consistaient en huile, tourteaux, farines et semoules de maïs. Cette usine occupait alors 25 ouvriers. En 1875, l'inondation ayant emporté la digue, l'usine a cessé, et le moulin a repris son premier travail de mouture : il occupe seulement deux ouvriers. Sur neuf paires de meules, deux, trois sont mises en mouvement pour triturer en moyenne dix hectolitres de grains par jour. Cet établissement possède de vastes magasins et une habitation pour le maître ;

2° Une tuilerie très ancienne appartenant autrefois au seigneur de la localité ; elle occupe en général deux ouvriers. Son four est chauffé avec du bois ;

3° Encore une tuilerie construite sur le côté droit du chemin de Labruyère en 1879 ; elle occupe trois ouvriers.

Les tuiles fabriquées par ces deux tuileries sont en terre argilo-calcaire.

Les voies de communication ne comprennent que des routes de terre :

1° *Chemin de grande communication* n° 13. Ce chemin de Toulouse à Auterive traverse le territoire de Grépiac. Le plan parcellaire de la partie comprise dans la commune a été tracé par l'agent voyer cantonal le 2 novembre 1854. Ce chemin permet de se transporter au chef-lieu du canton à Auterive.

2° *Chemin d'intérêt commun* n° 60. Ce chemin va de Grépiac à Saint-Sulpice, canton de Carbonne. Le tronçon compris dans la commune est l'ancien chemin vicinal n° 7 dit chemin de Miremont, construit en 1872; il a été relié au chemin d'intérêt commun en 1877.

3° *Chemin du Rival.* Construit en 1850, ce chemin vicinal conduit aux communes de Labruyère et d'Issus, à Montgiscard par Issus.

4° *Chemin de Muret.* C'est un chemin vicinal construit eu 1873. Il relie Grépiac à la route nationale n° 20, de Paris en Espagne par Toulouse et Foix, et permet de se transporter soit au chef-lieu d'arrondissement, soit au chef-lieu du département.

5° Les autres chemins vicinaux au nombre de sept, dont trois restent à construire, sont pour la communication de la localité avec les communes voisines.

Jusqu'en 1870, un port a existé à Grépiac au profit de l'Etat, pour le passage de l'Ariège. Le 16 mars 1864, les habitants de cette commune et des communes environnantes intéressées à la construction d'un pont, après avoir pris connaissance des plans et cahier des charges dressés par M. l'ingénieur Chastelier en date du 19 juillet 1859, déclarent vouloir concourir à la subvention demandée par ledit cahier des charges pour la somme de 20,000 francs qui viendrait s'ajouter à la subvention de 25,000 francs demandée au département et à l'Etat par le même cahier des charges. La somme de 20,000 francs est formée de sommes partielles offertes individuellement sans garantie réciproque. Un décret impérial, en date du 10 avril 1867, ayant déclaré d'utilité publique la construction du pont en maçonnerie sur la rivière de l'Ariège dans la commune de Grépiac, local du Village, M. Brusson, entrepreneur de travaux publics, se rendit adjudicataire de la construction de ce pont, suivant procès-verbal dressé par M. le préfet de la Haute-Garonne, le 19 juin 1867 moyennant les sommes ci-dessus énoncées et la concession du droit de péage à percevoir pendant dix-neuf années et dix mois, selon le taux fixé par ledit décret et aux clauses et conditions du cahier des charges précité.

Le pont a été construit et livré à la circulation en vertu d'un arrêté de M. le préfet du 23 juin 1870. L'inondation du 23 juin 1875 fit crouler une pile : deux arches sur cinq furent emportées et la circulation du pont se trouva interrompue. On rétablit le port pour permettre de passer, sur un bac, d'une rive à l'autre, en attendant d'aviser au moyen de rétablir la circulation sur le pont.

Par une délibération en date du 12 mars 1876, le conseil municipal prie l'administration supérieure de vouloir bien faire dresser par MM. les ingénieurs un plan de reconstruction. A cet effet, un plan est dressé et le devis en est porté à la somme de 30.000 fr. L'Etat et le département s'engagent à subvenir aux frais de reconstruction pour une somme de dix mille francs chacun. La part contributive de la commune reste fixée à dix mille francs ; cette somme est fournie par un emprunt de huit mille francs à la Caisse des Dépôts et Consignations et par deux mille francs pris sur divers articles du budget de 1876. La commune demande : 1° que le péage soit aboli ; 2° que la construction et l'entretien du pont demeurent à la charge du département ou de l'Etat ; 3° et que le chemin vicinal n° 7, passant sur le pont, soit classé chemin de grande communication. L'imposition extraordinaire votée par délibération du 24 septembre 1876 pour l'amortissement de l'emprunt a commencé en 1878 et se terminera en 1889 ; l'emprunt a été autorisé par un arrêté de M. le préfet en date du 7 mars 1878.

Le 7 septembre 1877, le Président de la République française décrète : « Est déclarée d'utilité publique la suppression du péage perçu au passage du pont communal de Grépiac sur l'Ariège. En conséquence, la concession de ce pont, accordée en vertu du 10 avril 1867, cessera de produire ses effets, conformément à la déclaration formulée par le concessionnaire le 20 juillet 1876. »

Le pont a été reconstruit par les soins de l'administra-

2

tion supérieure qui l'a pris à sa charge. Il a été de nouveau livré à la circulation au mois de mai 1878. La partie reconstruite est un tablier métallique.

Le passage sur le pont permet de se rendre à la station de Miremont du chemin de fer de Toulouse à Tarascon. Cette station est à 2 kil. 5 de Grépiac, et permet de communiquer directement avec les chefs-lieux du canton et du département, et indirectement avec le chef-lieu d'arrondissement. Pour se rendre à Toulouse, on préfère prendre le train à la station de Venerque-le-Vernet, à quatre kilomètres environ. C'est par cette voie ferrée que sont exportés les produits de la localité.

Tous les ans, la commune de Grépiac livre en moyenne au commerce et exporte les produits suivants :

Blé: 1,540 hect. ; vin: 900 hect. ; maïs: 800 hect. ; bois de chauffage: 1,000 mèt. cub.; avoine : 50 hect.; pommes de terre: 20 quint. mét. ; haricots ; 80 hect. ; fèves: 80 hect. ; sainfoin: 2.500 quin. mét. ; luzerne : (id.) ; Bœufs : 22 têtes ; veaux : 10 têtes ; agneaux : 250 têtes ; porcs : 100 têtes ; laine : 896 kilogrammes.

Les principaux objets importés dans la commune sont les épiceries, les tissus, les cuirs, la houille nécessaire à deux forgerons et une tuilerie.

Dans plusieurs communes environnantes se tiennent des marchés importants où les habitants de Grépiac vendent les denrées de toutes sortes : au chef-lieu du canton, le vendredi ; à Venerque, le jeudi ; à Miremont, le mercredi de chaque semaine. Les bœufs, les moutons et les porcs sont vendus ou achetés aux foires d'Auterive, Montgiscard, Venerque, Lagardelle, Saint-Sulpice et Miremont. Ces marchés et ces foires donnent lieu à des échanges considérables.

Malgré la connaissance du système métrique, les habitants de Grépiac se servent encore de quelques anciennes mesures dont l'usage est dû simplement à la routine. Pour les mesures agraires, on se sert de l'arpent de Toulouse qui a une valeur de 56 ares 90 centiares, de la pugnère qui vaut 14 ares 23 centiares et du boisseau d'une valeur de 1 are 78 centiares. Le bois de chauffage est acheté au bûcher de 4 stères. Ce sont là toutes les anciennes mesures encore en usage; mais on peut dire que cet usage tend à disparaître.

IV

Le sous-sol du terrain de la commune est en général une roche de grès, et sur le grès on trouve de l'eau en abondance. Le nom de la commune dérive de cette roche de grès dont on a fait la première partie du nom: *Grep...*, et de cette eau abondante dont on a fait la seconde: *iac*: de là le nom de Grépiac donné à la commune.

Le comté de Toulouse se trouvant divisé en bailliages, Grépiac faisait partie du bailliage d'Auterive. Après la réunion du comté de Toulouse à la couronne en 1271, la province du Languedoc se trouvant constituée en diocèses, il se trouva renfermé dans le diocèse de Toulouse et la jugerie du Lauraguais.

Le pape Boniface VIII, reconnaissant que le diocèse de Toulouse était trop étendu pour être convenablement administré et qu'il pouvait être divisé en plusieurs évêchés, créa l'évêché de Pamiers. A cet effet, il le partagea par une bulle du 16 septembre 1295. Il fixa l'étendue du nouveau diocèse en lui assignant toute la partie méridionale de l'ancien diocèse de Toulouse avec les villes, châteaux, terres et églises renfermés dans la partie détachée. Il partagea ce diocèse en deux par une ligne transversale depuis le lieu de Grépiac sur l'Ariège, d'un côté, jusque vers la Garonne, et de l'autre jusqu'à la rivière de l'Agout.

En 1445, on signale, parmi les principaux seigneurs de Lauraguais, le seigneur de Grépiac.

En 1478, le roi Louis XI érigea le Lauraguais en comté et en sénéchaussée : Grépiac est renfermé dans la sénéchaussée de Toulouse. Lorsque, le 20 janvier 1790, fut arrêtée la formation du département de la Haute-Garonne par les députés du département de Toulouse, Grépiac, faisant partie du canton d'Auterive, fut compris dans le district de Muret et dans l'arrondissement de ce nom quand la loi du 17 février 1800 constitua les arrondissements. Il a toujours été compris dans la province du Languedoc.

La commune de Grépiac, à peu près telle qu'elle est aujourd'hui, formait un Consulat. Une ordonnance datée de Montpellier le 6 novembre 1662 par les commissaires établis sur la province du Languedoc portait : « Les Consuls de Grépiac doivent remettre les comptes des années 1630, 1631......1638, rendus par Pascal Baget, ceux des années 1652, 1655 et 1656, et tous autres actes compris dans le mémoire particulier qui lui est signifié par Carrière, huissier, le 30 octobre dernier. Ensemble les comptes concernant l'emploi des récompenses faites au dit lieu pour les foules des gens de guerre. L'état de tous ceux qui seront relicataires à la dite communanté ; l'acte en original qui fut fait par lesdits consuls à certains créanciers de la communauté... les frais d'huissier qui en fera la signification seront payés par le sieur Auribat comme consul. Faute d'avoir satisfait aux ordres qui en ont été par nous donnés, ledit Auribat demeurera responsable. »

« Il sera en outre payé par les Consuls aux collecteurs de ladite communauté cinq louis deux sols pour les droits de l'adresse de l'état des débiteurs et pour le papier timbré qui a été employé. »

Ce ne fut qu'après un commandement fait à la communauté que les Consuls obtempérèrent à cette ordonnance.

Les registres des baptêmes, mariages et sépultures commencent le 23 janvier 1668. Ils étaient tenus par Messire

Jean de Fenasse, docteur en théologie, curé de la paroisse Saint-Martin de Grépiac. D'après ces registres, beaucoup de familles d'aujourd'hui existaient à cette époque : telles sont les familles Delgay, Sardeing, Tournié, Pons, Caussat, Adeilhac, Constans, Saurat, Lacroux, Fauré, Pourciel, Mandement, Belgros, Souquet, Duffaut, Malbit, Ressizac, Fournil, Lamarque, Lanégou, Oustric, Delboy et Bart. Les Delgay exerçaient la profession de charpentier ; les Mandement, celle de tonnelier ; les Lamarque, celle de tisserand de lin; les Pons, celle de tuilier; toutes ces familles ont exercé ces professions de père en fils jusqu'à ce jour. Les dits registres sont paraphés par Messire François de Pagèze, commandant du roi, juge royal et bailli d'Auterive.

Le seigneur de Grépiac se nommait Messire Jean Denis de Lailhière, chevalier de Malte ; il était aussi seigneur de Noueilhes. Le sépulcre de sa famille était devant le maître-autel de l'église paroissiale.

La paroisse de Grépiac comptait dans sa juridiction la commune de Labruyère et deux autres seigneurs : Messire de Duprat, vassal, et noble Jean François de Roquette, coseigneur de Labruyère.

Le 24 juin 1674, les habitants de Grépiac délibéraient sur le déportement des taxes : « L'an mil six cent septante quatre et le vingt-quatrième jour du mois de juin, avant midi, au lieu de Grépiac, au diocèse et sénéchaussée de Tolose. Et au-devant la porte de l'église paroissiale Saint-Martin dudit Grépiac, issue de la première messe matinale, sont assemblés le sieur Jean Sardein, consul moderne dudit lieu, lequel tant pour soi que du sieur Jean Dauribat, son collègue... du sieur Julien Dauribat, Arnaud Caussat, Guillaume Tournié, Pierre Sardein, Bernard Delgay, Jean Prouzet, Bernard Barliac, Montesquieu et plusieurs autres habitants dudit Grépiac, auxquels parle Sardein, consul, qu'il y a longtemps qu'ils ont reçu les mandes royalès contenant la somme de 794 louis 18 sols 3 deniers, et que la communauté doit payer... sur quoi a supplié ladite assemblée de vouloir délibérer sur ladite proposition. Tous les membres assemblés en corps de communauté, leurs voix recueillies donnent plein pouvoir et puissant auxdits consuls de cotiser ladite somme de 794 louis 18 sols 3 deniers. »

Le 8 mai 1689, est prise une autre délibération des consuls Jean Prouzet et Jacques Teulié, concernant aussi le déportement des deniers royaux et pour raison de la taxe mise sur les maisons :

« L'an mil six cent quatre-vingt-neuf et le huitième jour du mois de mai, après midi, au lieu de Grépiac, au diocèse et sénéchaussée de Toulouze, régnant Louis par la grâce de Dieu, roi de France et de Navarre, pardevant nous, notaire royal soussigné, ont été assemblés en corps de communauté les sieurs Jean Prouzet et Jacques Teulié, consuls modernes du présent lieu de Grépiac, assistés de M. Antoine Lasaluanie, prêtre et curé de ce lieu, de noble Guillaume de Nouel, sieur de Mazade, M. Pierre de Juléa, sieur de Laborio, le sieur Hugues Calvet.... et autres habitants de Grépiac, auxquels il a été proposé par ledit Prouzet, consul, qu'ils ont reçu la mande royale... laquelle est signée par M. Mariotte. Le calcul des sommes contenues en elle a été fait et que ce tout monte la somme de mille sept louis, dix sols, sept deniers, à ce compris le port d'icelle. Laquelle somme est de ce point imposée et dépêchée sur tous les contribuables de qui paieront. L'assemblée de délibérer voit quelles autres sommes veut-elle imposer. »

« L'assemblée, après avoir lu, vu et calculé ladite mande, a délibéré que ladite somme de mille sept louis dix sols sept deniers sera imposée et dépêchée au sol la livre sur tous les contribuables comme les autres précédentes, et qu'il sera encore imposé la somme de vingt-cinq livres que ladite communauté doit aux dames et reliques Sainte-Claire d'Autherive, suivant l'ordonnance de servir d'imposer du capital, rendue par Monseigneur l'intendant de cette province le quatorzième février dernier. Plus sera imposée pour la maison presbytérale la somme de vingt-sept louis. Plus sera aussi imposée la somme de deux cents livres que le seigneur intendant prescrit d'imposer par son ordonnance de ce jour quatorzième février. »

Signés : « Lasaluanie, prêtre, Dauribat, Calvet, Julia, Montesquieu. » etc.

La perception de ces impôts était faite par les consuls collecteurs ou par des collecteurs spéciaux et versée entre les mains du conseiller du roi, receveur des tailles du diocèse de Toulouse, lequel en déclarait récépissé.

En 1706, les registres des baptêmes, des mariages et des sépultures ont été paraphés par le conservateur de Toulouse.

En 1709, le cadastre de Grépiac fut fait, ainsi que cela est ustifié par les extraits ci-après de documents authentiques :

1° « *Extrait des registres de la cour des comptes, aides et finances de Montpellier.* »

« Entre les consuls du lieu de Grépiac, diocèse de Toulouse, demandant en requête du treize du courant à ce qu'il leur soit permis de faire procéder à la section d'un nouveau compoint du terroir et taillable dudit lieu de Grépiac sur lequel seront faites à l'avenir toutes les impositions tant ordinaires qu'extraordinaires. Mandant à ces fins aux officiers ordinaires dudit lieu d'y faire procéder le plus exactement et également que faire se pourra, leur enjoignant de faire un cahier séparé des biens prétendus nobles, à la charge que ledit nouveau compoint fait sera remis dans le greffe de la cour pour être autorisé s'il y échoit, sauf les oppositions et appellations en la cour et sans retardation du paiement des deniers du roi. Fait et prononcé à Montpellier en la cour, le quinze novembre mil six cent huitante-cinq. »

Signé : « De Roquefeuil, rapporteur. »

2° « L'an mil sept cent neuf et le quatorzième jour du mois de février, nous Arnaud Niel, arpenteur juré de la ville de Toulouse, certifie et atteste à tous ceux qu'il appartiendra qu'en vertu de l'arrêté de permission de la souveraine cour des comptes de Montpellier, obtenue par les consuls et communauté dudit Grépiac le 26 novembre 1685 pour faire un nouveau cadastre dans ledit lieu de Grépiac et en conséquence de deux délibérations prises en corps de communauté le 19 mars et 6 mai 1696, Jacques Pémaria et Bernard Espès, consuls assistés des sieurs Julien Dauribat et Hugues Calvet et autres, faisant tant pour eux que pour le reste de ladite communauté... Nous avons procédé à l'arpentement général de toute l'entière juridiction dudit lieu de Grépiac sur l'indication qui nous a été faite des bornes, termes et limites de toutes les pièces généralement quelconques soit nobles que rurales qui sont dans ladite juridiction.

Signé: « Niel, arpenteur juré. »

La valeur des terres fut faite par Jean Arnaud, Camidon et François Barrau, abonnateurs nommés par Messieurs les consuls et la communauté de Grépiac, en suite du serment prêté sur les saints Evangiles devant M. Jean Dauribat juge de ce lieu. Le territoire du premier degré fut calculé sur le pied de six sols par arpent; le second quatre sols, et le troisième deux sols, les maisons hautes un sol la perche, et les basses six deniers la perche. L'entier revenu fut estimé à la somme de 242 livres, deux sols, six deniers, deux quarts, deux onces, sauf erreur de calcul.

Le cadastre fait par M. Niel, arpenteur, fut remis au greffier consulaire pour être exhibé à tous les intéressés, pendant deux mois, dans la maison d'Antoine Prouzet, après avoir été proclamé le jour de dimanche à l'issue de la messe de paroisse suivant exploit de crieurs. Personne ne s'étant plaint ni fait aucune opposition, le cadastre fut définitivement arrêté le 14 février 1709.

D'après ce cadastre, Messire Etienne de Polastron de Lailhière, major de dragons, du premier régiment de Languedoc, seigneur de Grépiac et de Noueilhes, possédait :

1° Au village : une maison près l'oratoire et Laprade, une maison, un jardin et une place près l'église et 69 arpents de terre dans les plaines de la métairie de Pascalot, dont dix arpents étaient nobles;

2° Les biens nobles suivants :

1° Sur la rivière de l'Ariège un château fortifié avec six tours, granges, écuries, basse-cour, jardin, vinée, puits à tour, pigeonnier, petite loge pour le jardinier, le tout fermé de murs. Deux places dont l'une devant le château, et l'autre qui joignait l'église au château : sur cette dernière le seigneur permettait de dépiquer les fruits décimaux. Un grand jardin entre le presbytère et le château : le tout d'une contenance de trois arpents deux pugnères, confrontant du levant et du midi plusieurs jardins, du couchant la rivière de l'Ariège, les fossés du vieux fort, le chemin allant du château à l'église paroissiale Saint-Martin, du septentrion le cimetière et le chemin d'Auterive ;

2° La métairie de Cantemerle, appartenant aujourd'hui à Mme veuve Lafage, de Venerque, composée de bois, vignes, terres, avec un moulin à vent dont il ne reste pas vestige, le tout d'une contenance de 99 arpents;

3° La métairie de Labourdette avec un moulin à vent près le port de Grépiac : terres, bois et ramier d'une contenance de 56 arpents.

En 1672, Messire Louis de Lailhière était capitaine major du régiment de Piémont.

En 1674, noble Duprat, de Grépiac, était Capitoul.

En 1717, Bernard de Polastron était chevalier de Malte, et Françoise de Polastron Lailhière, supérieure du couvent de Longages.

En 1734, Messire Denis de Polastron de Lailhière était chevalier de Malte et capitaine dans le régiment de la couronne.

En 1738, le seigneur de Grépiac était en même temps seigneur de Venerque et de Noueilhes.

La Révolution étant survenue, M. Jean-Jacques-Joseph marquis de Polastron Lailhière émigra. Ses biens furent alors séquestrés et entièrement vendus. Il n'échappa du naufrage qu'une rente locataire et constituée de quarante setiers de blé et de six cents livres numéraires établie sur le moulin à eau d'Auterive. M. de Polastron étant mort en émigration, sa veuve rentra en France. Les héritiers de droit, reconnaissant que la succession de M. de Polastron Lailhière leur était onéreuse, la répudièrent. Alors la dame de Lévis de Mirepoix, sa veuve, pour le recouvrement de ses reprises dotales, fut obligée de faire pourvoir cette succession d'un curateur. Par jugement du tribunal de Muret en date du 17 avril 1816, le capital de ladite rente fut adjugé à la veuve de Polastron moyennant la somme de treize mille francs, prix qui était loin d'atteindre le montant de sa dot et de ses autres reprises matrimoniales qui s'élevaient à la somme de 80,000 francs que M. de Polastron Lailhière avait reconnus sur tous ses biens.

C'est en l'an III de la République que les biens provenant de l'émigré Jean-Jacques Polastron de Lailhière ont été vendus comme biens nationaux. Ces biens sont en grande partie possédés par M. Duffaut. C'est M. Duffaut qui a fait construire un magnifique château, flanqué de deux tourelles à la façade principale sur le terrain qu'occupaient le château et le jardin du seigneur de Grépiac. En poursuivant les registres de l'état civil, on trouve que la famille Duffaut a été d'abord une famille de simples brassiers ; ses membres ont exercé plus tard la profession de tuiliers. C'est par le travail et l'économie que cette famille est parvenue à une fortune relativement considérable. Elle n'est pas la seule famille de Grépiac qui se soit ainsi élevée, ce qui fait honneur à la localité : la famille Cluzel est dans le même cas.

En 1744, Jean Cluzel, de la paroisse de Vilate, s'allia avec la famille Espès, bateliers à Grépiac. Un an plus tard il exerçait la profession de marinier et il était déjà riche négociant pendant la Révolution. Ses successeurs possèdent aujourd'hui un magnifique château et une maison bourgeoise avec parc et deux métairies importantes dans le territoire de Grépiac, dont l'une, appelée Dreuilhe, appartenait anciennement à M. Charles Montesquieu, greffier commis à la garde des actes du greffe criminel du tribunal de Toulouse, et l'autre, Labourdette, appartenant comme bien noble au seigneur de Grépiac. Cette famille possède des biens dans la commune d'Auterive et dans celle de Cintegabelle.

Les possessions de Dauribat, bourgeois de Grépiac, passèrent d'abord à Mme Dufaur de Beaumont, puis par testament à Mlle Pauline-Jeanne-Pétronille de Bataille, qui le 5 septembre 1841 épousa M. Auguste-Benjamin de Gentil-Baichis, chevalier de la Légion d'honneur, capitaine commandant au 9e d'artillerie en garnison à Toulouse. M. de Baichis fixa dès lors son domicile à Grépiac après avoir abandonné la carrière des armes et alla s'asseoir sur les bancs de la Société d'agriculture du département de la Haute-Garonne. Il était né à Limoux en 1807, d'une famille qui occupait une position élevée. Elève de l'école Sainte-Barbe à Paris, puis de l'École polytechnique, il sortit de l'école d'application de Metz comme officier d'artillerie. Il fut mis à la disposition du maréchal Clauzel qui se l'attacha comme officier d'ordonnance dans une expédition contre Constantine. Après un échec, le maréchal Clauzel fut remplacé dans son commandement et M. de Baichis rentra en France et fut attaché à la fonderie de Toulouse comme capitaine-adjoint. Lorsque Damrémont fit de nouveau le siège de Constantine, M. de Baichis demanda et obtint de retourner en Afrique: s'il avait eu la douleur d'assister au premier échec, il eut la satisfaction de prendre sa part dans la revanche; à la suite de cette expédition, il fut élevé à la première classe de son grade. Forcé par les fièvres paludéennes de rentrer en France, il fut nommé capitaine-commandant au 9e d'artillerie en garnison à Toulouse. Ce fut le terme de sa carrière militaire : il n'avait que 34 ans. Le repos étant à charge pour lui, il se donna tout entier à l'agriculture. Deux ans après son mariage, il était nommé membre non-résidant de la Société d'agriculture et, en 1851, il devint membre résidant : il en a été plusieurs fois le président et plusieurs articles ont été publiés par lui dans le *Journal d'agriculture* pour le midi de la France. M. de Baichis a été donc soldat et agriculteur. Il est mort en 1879 et enterré dans un caveau de famille à Grépiac.

Le cadastre, refait en 1709, a été renouvelé en 1803 sous l'administration municipale de M. Cluzel, maire, et de M. Mondy, adjoint, assistés de MM. Jean Souquet et Jacques Tournié, indicateurs nommés par M. le maire.

Le procès-verbal de délimitation du territoire de la commune et de la ligne de démarcation avec les communes limitrophes est daté du 10 octobre 1806.

Les 11 et 12 septembre 1727, il tomba une pluie abondante pendant 24 heures. Cette pluie n'était pourtant pas assez forte pour faire déborder subitement les rivières; mais comme elle était accompagnée d'un vent du midi puissant et chaud, les masses de neige qui couvraient encore les régions supérieures des Pyrénées fondirent en peu d'instants et jetèrent dans tous les cours d'eau, grossis par des orages antérieurs, de tels torrents que l'inondation devint générale. Le territoire de Grépiac ne fut pas épargné par l'inondation de l'Ariège et fut compris au nombre des communautés endommagées qui reçurent un secours de Sa Majesté.

La commune de Grépiac fut frappée d'une autre calamité en 1736, suivant une relation du curé de cette époque :

«L'an 1736 et le vingt-troisième juillet, à sept heures du soir, il a fait un orage avec un tonnerre épouvantable, et que pendant que nous faisions les prières tout auprès de l'Eglise, la foudre est tombée sur le clocher, a renversé tous les assistants, dedans et dehors, blessé plusieurs personnes et tué sur la place dans l'église, Pierre Montastruc, âgé de dix-sept ans, qui sonnait les cloches, et dehors Guillaumette Baget, femme d'Adrien Prouzet, âgée de soixante-trois ans, et Arnaud Espès, fils du meunier, âgé de dix-huit ans, tous de cette paroisse, qui ont été ensevelis au cimetière le lendemain. En foi de quoi,

Signé: « OUVRIER, curé. »

En 1774 une épizootie des plus meurtrières dont la contagion, transportée dans le port de Bayonne par une cargaison de cuir venue de la Hollande, avait dépeuplé les étables à bœufs de la Guyenne méridionale, du Béarn et de la Gascogne, lorsque ce fléau, progressant avec une effrayante rapidité, allait atteindre à son tour la province du Languedoc. Grépiac se trouva dans la vaste étendue du territoire où furent créés des postes afin de confiner la maladie dans le vaste triangle que forment les Pyrénées, la Garonne et l'Océan. Ce poste fut jeté sur les coteaux de Cantemerle, longeant la rivière de l'Ariège, rive droite.

Avant la Révolution, l'église paroissiale Saint-Martin possédait dans le village deux maisons, et dans le territoire de la commune plusieurs pièces de terre disséminées.

La communauté de Grépiac possédait le presbytère actuel, ayant alors pour dépendances la mairie, le communal de Laubarède dit le Prat et l'Ilot. Ces deux pièces de terre n'en faisaient qu'une traversée par un petit ruisseau appelé Labombe et un chemin de service. Le tout d'une contenance de dix-neuf arpents deux pugnères et deux boisseaux et demi. Conformément à la loi du 10 juin 1793, ces biens communaux furent partagés entre tous les individus domiciliés dans Grépiac, ainsi que cela est justifié par l'extrait suivant du procès-verbal de partage :

« Nous, Blaise Fréchou, géomètre arpenteur, habitant de Muret, chargé de l'arpentement, division et partage des biens communaux de Grépiac, en exécution et conformément à la loi du 10 juin 1793, après avoir fait la division et partage des susdits communaux par bornage distinctif, chaque lot marqué par des piquets que nous avons fait planter en terre, de manière qu'il s'est trouvé trois lots pour chacun des individus habitants et domiciliés de tout âge et de tout sexe, conformément à la susdite loi précitée et aux délibérations de ladite commune ; l'agent et l'adjoint de ladite commune ayant fait la convocation huit jours à l'avance pour assembler tous les individus de la susdite commune, de même que tous les forains ayant droit au susdit partage, tous les individus assemblés sur les pièces formant les biens communaux à l'effet de tirer le sort des lots qui vont leur échoir ; et avant de commencer le tirage du sort, avons fait lecture du procès-verbal en date du 25 frimaire dernier, à l'effet de faire connaître l'opération faite par les experts et arpenteurs, et après lecture faite dudit verbal, étant sur la pièce du pré dite le Communal avec tous les individus assemblés ayant droit au susdit partage, et avant de tirer le sort tous les individus assemblés ont demandé, vu la petitesse des lots qui vont leur échoir, que tous ceux qui composent une même famille aient leurs lots joignants et contigus à l'effet de faciliter le travail desdites pièces. Ce qui s'est exécuté..... Le sort desdits communaux s'est fait en trois classes et en trois tirages différents..... De tout quoi, nous avons dressé le procès-verbal que nous avons signé.

« Fait, clos et arrêté à Grépiac, le 11 pluviose de l'an IV de la République française, une et indivisible. »

Signé: « Fréchou, arpenteur. »

Enregistré et transcrit littéralement au bureau d'Auterive le 11 octobre 1814.

Le curé jouissait aussi de certains immeubles : de deux maisons au village de Grépiac, une autre maison avec des terres indivis au hameau de Gaillard-Tournié et d'une vigne appelée le champ de Lobit.

Les hameaux de Gaillard-Tournié et de Saint-Germier avaient leur église et leur cimetière. Les habitants de Saint-Germier possèdent une statue de la Vierge, dernier vestige de cette église ; une maison est construite sur l'emplacement du cimetière à Gaillard-Tournié. D'après la tradition, les cloches de l'église sont enfouies dans l'Ariège sous les roches qui surplombent la rivière entre les deux hameaux.

Les habitants de Grépiac perpétuent chaque année le souvenir de cette église et de ce cimetière par une procession à ces lieux, faite le 16 mai, si ce jour est un dimanche, ou le dimanche qui suit le 16 mai.

Survint la Révolution. Le 19 germinal an II de la République, la municipalité d'Auterive écrivait à celle de Grépiac :

« Citoyens, vous êtes requis de faire le versement des grains de votre commune dans celle d'Auterive, et dans le délai de vingt-quatre heures, sous peine d'être poursuivis révolutionnairement. Le salut public exige la plus prompte remise. Si vous n'obtempérez à la présente réquisition dans le délai fixé, nous ne pourrons nous empêcher de vous dénoncer aux représentants du peuple. Salut et fraternité. »

Signés : « Aleman cadet, maire,
Viguier, Lapenne, Azéma, officiers municipaux.

Le 19 messidor, deuxième année républicaine, le conseil général du district de Muret assigna à la commune de Grépiac la quantité de quarante quintaux de foin et de soixante-dix setiers d'avoine à fournir dans le délai de cinq jours et à verser dans les magasins du chef-lieu, pour l'armée des Pyrénées.

Le 23 du même mois, l'administration du district de Muret, vu l'arrêté de la commission de commerce et approvisionnement de la République en date du 10 de ce mois, portant réquisition à ce district de fournir pour l'armée des Pyrénées-Orientales la quantité de quatre mille quintaux de grains dont les trois quarts en froment et l'autre quart en seigle ou orge, procéda à la répartition des quantités à fournir par les communes. Dans cette répartition, Grépiac eut à fournir 60 quintaux de blé et 20 quintaux de seigle.

Par un arrêté du représentant du peuple Delbrel, qui chargeait le district de Muret de fournir cinq mille quintaux de grains pour le service des armées, la commune de Grépiac eut à fournir dans le plus prompt délai cent quintaux de blé et cinquante quintaux de seigle. Cette ordonnance du conseil général de Muret est datée du 21 brumaire an III de la République.

A cet effet, le citoyen Guillaume Baget, maire, officier municipal, par une lettre du 7 frimaire suivant, demande au conseil général, pour satisfaire à cette réquisition, de verser en froment le contingent qui devait être fourni en seigle, parce que, le recensement des grains fait, il résulta qu'il ne s'était récolté que du blé dans la commune.

L'agent national près le district de Muret répondit au citoyen Baget en ces termes:

« Citoyen collègue, la commune que tu habites a été autorisée par l'administration à verser directement à Toulouse les grains qui ont été requis pour l'armée des Pyrénées-Orientales. Les municipaux avaient avancé que les contingents avaient été fournis. Je viens d'être instruit que plusieurs avaient cru être libérés parce qu'ils n'avaient pas de seigle. C'est une erreur que tu dois faire connaître.

« En conséquence, je te requiers, en exécution de l'arrêté des représentants du peuple du 22 brumaire, de faire verser en froment le contingent qui avait été assigné en seigle, et de m'envoyer dans vingt-quatre heures le récépissé du garde-magasin... Salut et fraternité. »

Signé: « TERRENG. »

Un nouveau recensement de grains fut fait au mois de floréal de la même année par Tournié, agent commissaire, nommé à cet effet, par délibération du 7 de ce mois du conseil général de la commune. L'état de ce recensement porte 0 blé, 4 setiers de millet, 0 fèves, et 0 vesces, trouvés chez tous les habitants de Grépiac.

Si d'autres réquisitions ont été faites, ce qui est probable, les documents manquent pour le justifier.

En l'an VIII, il fut dressé un état des individus jouissant de leurs droits pour parvenir à former la matrice de la contribution personnelle et mobilière. D'après cet état, 140 personnes payèrent cet impôt en l'an VIII.

Aux termes de la loi du 20 septembre 1792, Guillaume Baget, officier public, membre du conseil général de la commune, fut, le 9 février 1793 (an II de la République), élu pour recevoir les actes destinés à constater les naissances, les mariages et les décès des citoyens de la commune. Il fut relevé dans ses fonctions par le nommé Baptiste Marseillan au mois de floréal 1799. Ce dernier fut remplacé par Jean Cluzel, le 3e jour complémentaire de l'an VIII. Jean Cluzel a exercé les fonctions de maire jusqu'au mois de novembre 1810, et le 30 de ce mois, M. Dufaur de Beaumont écrivait à M. le sous-préfet : « Ma nomination de maire, dont je suis redevable sans doute à votre bonté, m'engage à vous faire mon remerciement. Mon exactitude à en remplir les fonctions vous prouvera que je suis digne de votre choix. J'ai l'honneur de vous saluer.

Signé : Dufaur, maire. »

Il avait pour adjoint M. Duffaut et, pour secrétaire de mairie, le nommé Baget. A cette époque, Grépiac avait aussi un garde-champêtre, le sieur Roquebrune. Un inventaire des papiers de la mairie fut fait par les soins de M. le maire. M. Dufaur, par un arrêté du 24 août 1811, ordonnait à tous les habitants d'entourer les puits d'un mur de quatre pans de hauteur, pour prévenir des accidents qui n'étaient que trop arrivés dans la commune. Le 13 octobre suivant, une délibération du conseil municipal fut prise en conformité de l'arrêté de M. le préfet du 20 septembre précédent pour la restauration des biens communaux. Une commission fut nommée pour vérifier ces chemins et s'en rendre un compte exact.

Du rapport de cette commission, il résulta qu'un supplément de mille journées de main-d'œuvre serait nécessaire pour les confectionner. Ces travaux furent exécutés deux ans plus tard. Le 21 avril 1813, un nouveau conseil municipal fut installé, conformément à un acte de nomination de M. le préfet de Toulouse en date du 28 mars précédent.

En 1814, des réquisitions en nature furent faites. Les grains, ainsi fournis par la commune de Grépiac, furent estimés 927 fr. 78 centimes. A cette époque, les communes de Grépiac et de Labruyère formaient une réunion de perception dont le chef-lieu était Grépiac. Cette réunion a été jointe à celle d'Auterive quelques années plus tard.

Le 5 mars 1815, M. Dufaur de Beaumont, maire, était remplacé dans ses fonctions par M. Baget avec M. Lamarque, pour adjoint, M. Baget nomma Dat (Bernard), propriétaire, habitant de Grépiac, aux fonctions de commissaire pour diriger et faire activer les réparations à faire aux chemins communaux de la section A et partie de la section E en remplacement de Jean-Germain Morélis, décédé.

En 1822, M. Dufaur de Beaumont est renommé maire, il a eu pour successeur M. Carrière ; M. Dat a été leur adjoint.

De 1815 à 1828 inclusivement, aucun document ne justifie ce qui a été fait par l'administration municipale. Les registres des délibérations du conseil municipal ne datent que du 9 mai 1829.

Par un arrêté de M. le préfet en date du 11 octobre 1830, M. Jean-Marie-Baptiste Cluzel est nommé maire et installé dans ses fonctions le 24 du même mois par M. Dat, adjoint, en présence du conseil municipal devant lesquels il prête le serment prescrit par les règlements. Un arrêté du 13 novembre suivant nommait MM. Duffaut (Antoine) et Tournié (Jean) aux fonctions de conseillers municipaux; ces deux conseillers sont installés par M. Cluzel, maire, le 28 du même mois, devant lequel ils prêtent serment.

Le 23 janvier 1831, M. Dat, adjoint, est remplacé par M.Barthe (Auguste). Le conseil municipal se trouve dès lors constitué de M. Cluzel, maire, Barthe, adjoint, Pons (Bernard), Duffaut (Antoine), Garrigues (Guillaume), Tournié (Jean), Bart (Pierre), Lamarque (François), Fauré (Clément), Constans (Augustin) et Pourciel (Jean).

Cette municipalité a fait restaurer la maison commune dont les bâtiments appartenaient au presbytère dont ils étaient les dépendances. Jusqu'à cette époque la commune avait eu à supporter des frais pour loyer de la mairie.

Le 9 octobre 1831, les conseillers municipaux ci-après furent nommés à la pluralité des voix par les électeurs communaux : Cluzel, maire, Barthe, adjoint, Bistes, Spy (Dominique), Delgay (François), Duffaut (Antoine), Tournié (Jean), Sardeing (Sébastien), Saintouil (Jean) et Chanchole (Bertrand).

En 1833 et le 24 février, le conseil municipal dûment réuni nomma MM. Duffaut (Antoine) et Tournié (Jean), tous deux habitants de Grépiac, commissaires pour procéder à la formation de la matrice spéciale des valeurs locatives.

Le 17 juillet 1835, le conseil municipal, appréciant le peu de ressources de la commune, demandait au conseil général de venir à son secours pour construire le chemin de grande communication de Grépiac à Venerque et, en 1836, il s'imposait des sacrifices pour réparations des chemins communaux.

Les élections municipales du 11 juin 1837 élirent conseillers municipaux : MM. Spy (François), Tournié (Jean), Sardeing (Sébastien), Espès (François), Pourciel (Jacques), Barthe (Auguste), Danés, Delgay (François) et Tournié (Guillaume).

M. Cluzel, maire, fut maintenu dans ses fonctions et M. Chanchole, adjoint.

Le 17 septembre suivant, ce conseil, dans l'intérêt des habitants de Grépiac, demandait à l'administration la distribution quotidienne des lettres et paquets qui leur arrivaient par le bureau d'Auterive. Cette distribution n'avait lieu que tous les deux jours.

Par délibération du 8 mai 1840, la municipalité, assistée des plus fort imposés, vota un projet de construction de maison d'école sur un terrain cédé gratuitement à la commune par M. Cluzel, maire. Ce projet s'élevait à la somme de

3,400 fr. 45 cent. dont 700 fr. furent pris sur des fonds libres et 2,700 fr. 45 cent. imposés extraordinairement.

C'est aussi en 1840 que les sommes nécessaires à l'acquisition du terrain pris aux propriétaires pour l'élargissement du chemin de grande communication n° 13 furent votées par le conseil municipal : la dépense à la charge de la commune s'éleva à 1,762 fr. et l'administration lui vint au secours pour une somme de 500 fr. Le sieur Gabriel Lamarque fut nommé garde-champêtre et relevé de ses fonctions en 1850 par le nommé Bélondrade (Gabriel), chevalier de la Légion d'honneur, ancien soldat d'Afrique.

En 1843, la municipalité se trouva ainsi constituée de M. Cluzel, maire, Chanchole, adjoint, de Baichis, Delgay, Bart, Tournié (Jean), Duffaut (Antoine), Sardeing, Douasse et Tournié (Guillaume) et en 1847 de M. Chanchole, maire, et Tournié (Jean), adjoint.

En 1850, M. Cluzel est de nouveau maire et a pour conseillers municipaux : MM. de Baichis, Duffaut, Bart, Lamarque, Lanégou, Douasse, Morélis, Brun, Sardeing, Lacroux et Delgay.

Par délibération du 13 mai 1851, le conseil municipal fut d'avis de concéder à tout demandeur du terrain, au cimetière, moyennant le tarif suivant :

1° Concessions perpétuelles, 60 fr. par mètre carré;
2° Concessions trentenaires, 30 fr. par mètre carré;
3° Concessions temporaires de 15 ans, 20 fr. par mètre carré.

Cette délibération dûment approuvée, plusieurs familles obtinrent des concessions perpétuelles, il fut décidé que le montant serait employé à la construction de murs d'enceinte du cimetière, ce qui fut exécuté.

En 1852, M. Cluzel (Jean-Marie) est de nouveau nommé maire: il a pour adjoint M. Duffaut (Bertrand). Les conseillers sont : MM. de Baichis, Chanchole, Bart, Douasse, Delgay, Lamarque, Lanégou, Lacroux, Morélis et Sardeing.

Le 26 septembre 1852, les membres du conseil, réunis pour leur installation et pour prêter le serment d'obéissance à la constitution et de fidélité au président de la République, crurent, avant de se séparer, devoir lui témoigner sa reconnaissance et son admiration en émettant le vœu que l'empire fût rétabli dans sa personne et dans sa descendance mâle et directe.

Au sujet de la nouvelle répartition de l'impôt foncier, le conseil, par sa délibération du 13 mai 1853, s'oppose au travail des experts et signale au conseil d'arrondissement le chiffre trop élevé du revenu moyen de l'hectare de terre de toute nature porté par les experts à 46 fr. 86 et celui des maisons à 44 fr. 29. Cette demande fut renouvelée une première fois le 13 août 1854, une seconde fois en 1856, et les autorités départementales n'ayant pas donné suite à cette demande, une pétition fut adressée à M. le ministre des finances le 9 novembre 1856. Ce revenu a été diminué : il n'est que de 44 fr. l'hectare pour les termes de première classe et 36 fr. pour les maisons de la même classe.

En 1855 et le 23 août, furent élus conseillers municipaux : MM. Chanchole, Duffaut, Morélis, Bistes, Lacroux, Sardeing, Ressizac, Pourciel, Pampuza, Caussat et de Baichis. M. Cluzel fut maintenu maire et eut pour adjoint M. Bistes (Guillaume).

Le 12 août 1860, MM. de Baichis, Pourciel, Pampuza, Caussat, Ressizac, Tournié, Bistes, Morélis, Sardeing, Calac, Duffaut et Cluzel furent élus conseillers municipaux : MM. Cluzel et Bistes furent nommés chacun dans ses fonctions.

Cette municipalité a demandé la construction du pont pour le passage de l'Ariège.

En 1865, les membres du conseil sont réélus. M. Cluzel reste maire avec M. Sardeing (Jacques) pour adjoint.

Trois ans plus tard, M. Cluzel étant mort, il fut remplacé à la mairie par M. de Baichis.

C'est en 1868 et par délibération du 6 septembre que la commune demanda à être autorisée à emprunter 1,250 fr. à la caisse des chemins vicinaux pour l'achèvement de ses chemins. Elle fut en effet autorisée par décret du 7 juillet 1869 ; mais elle ne perçut d'abord que 650 fr., le reste de l'emprunt a été encaissé en 1884. Cette somme de 1,250 fr. est remboursable en 30 ans.

Le 15 septembre 1870, sous le gouvernement de la défense nationale, pendant la maudite guerre contre la Prusse, les membres de la commission politique et administrative de l'arrondissement de Muret instituèrent membres de la commission municipale de la commune de Grépiac les citoyens : de Baichis, président, Duffaut (Antoine), adjoint, et Pampuza fils. Le 21 octobre suivant, cette commission délibérait, sauf approbation de M. le Préfet, que l'imposition extraordinaire de 1,000 fr. destinée à l'achèvement de la nouvelle église et portée au budget de 1870 serait employée, savoir : 400 fr. comme subvention offerte pour la défense nationale, et 600 fr. comme secours aux familles des militaires, lesquels seraient répartis par une commission nommée exprès, soit par des dons en argent, soit en formant des ateliers de charité sur des chantiers communaux.

Un arrêté de M. le sous-préfet en date du 10 novembre nomma membres de ladite commission MM. Sardeing (Jacques), Tournié (Jacques) et Tournié (Guillaume). Le 21 du même mois la commission municipale vota la somme de 2,604 fr. 44, assignée à la commune par un arrêté préfectoral, pour contribuer à l'armement, habillement, équipement, solde de la garde nationale mobilisée. Cette somme fut perçue au moyen de taxes proportionnelles établies d'après un rôle spécial. D'après une loi, ces taxes devant être remboursées, la commune employa la somme de 2,604 fr. 44 à des travaux communaux reconnus urgents.

Le 22 février 1871, M. Duffaut (Antoine) était proclamé maire en remplacement de M. de Baichis, dont la démission était acceptée.

Le 14 mai, les élections municipales donnèrent le résultat suivant: MM. Duffaut (Antoine), Tournié (Guillaume), Pons (Jacques), de Gentil-Baichis, Brun (Mathieu), Tournié (Jacques), Sardeing (Jacques), Morélis (Guillaume), Caussat (Guillaume), Pampuza (Clément), Cavayé (Honoré) et Ressizac (Bertrand), qui élirent maire M. Duffaut et adjoint M. Sardeing (Jacques).

Les élections du 22 novembre 1874 donnèrent pour résultat: MM. Duffaut (Antoine), de Baichis, Ressizac (Bertrand), Sardeing (Julien), Tournié (Guillaume), Cavayé (Honoré), Brus (Jacques), Tournié (Pierre), Morélis (Jacques), Espés (Martial), Delgay (Guillaume), Samara (Jacques).

M. Duffaut fut maintenu maire avec M. Sardeing (Julien) pour adjoint.

M. Duffaut fut délégué pour les élections sénatoriales.

Cette municipalité est remplacée le 21 juin 1876 par les membres suivants: MM. Duffaut (Antoine), Sardeing (Julien), de Baichis, Brus (Jacques), Ressizac (Bertrand), Pézet (Jean), Espés (Martial), Delgay (Guillaume), Tournié (Guillaume), Samara (Jacques), Morélis (Jacques) et Tournié (Pierre).

M. Duffaut est proclamé maire et Sardeing (Julien) adjoint.

M. Duffaut est encore délégué pour les élections sénatoriales.

En 1881, la municipalité a été composée de MM. Ressizac (Bertrand), maire, Samara (Jacques), adjoint, Espés (Martial), Duffaut (Antoine), Rougagniou (Jean-Pierre-Anne), Brus (Jacques), Gineste (Bertrand), Delgay (Guillaume), Lafont

(Jacques), Montfraix (Jean), Mandement (Antoine) et Serres (Raymond), conseillers municipaux.

Cette municipalité a été réélue aux élections de 1884, sauf Montfraix et Serres : la population de la commune étant inférieure à 500 habitants, dix membres doivent composer le conseil municipal.

Au point de vue de la langue, les habitants de Grépiac comprennent et parlent assez facilement le français ; mais ils emploient plus volontiers entre eux leur idiome qui est un mélange du patois gascon et du patois languedocien : ils aspirent toutes les lettres *h*. Ils aiment assez le chant : on entend même de belles voix de basse et de baryton très étendues qui leur permettent de chanter de magnifiques chœurs : ils chantent toujours des chansons en français et des chants patriotiques.

A Grépiac, on aime le travail. Tous les habitants sont laborieux et actifs. De bonne heure, le matin, on part pour les champs ou on est à son atelier, et le soir on finit tard la journée. On ne trouve que des personnes de bonne vie et mœurs, ne pensant qu'à leur besogne et à économiser pour les jours de besoin ; aussi on ne rencontre pas des familles nécessiteuses qui ne peuvent se suffire. Les propriétaires donnent de bons gages à leurs maîtres-valets et de bons salaires à leurs ouvriers appelés estivandiers ; les propriétaires-cultivateurs récoltent de quoi vivre dans une aisance relative ; les ouvriers artisans, assez nombreux dans la localité, constamment occupés à leurs métiers, vivent aussi dans l'aisance. Pour se convaincre de cette aisance, on n'a qu'à considérer les maisons qui sont toutes nouvellement construites et en général à haut et bas étage. Chaque famille, chaque ménage tient à avoir des appartements sains et bien éclairés avec des ameublements commodes et propres : il en résulte que les personnes sont vigoureuses et rarement malades. On aime à bien se vêtir, même avec luxe, les jeunes personnes surtout font la joie de leurs parents quand elles sont habillées de jolis costumes. On se pare d'habits de laine en hiver et d'habits de coton et de fil en été. Le linge de corps est en coton ou en fil, mais toujours fin. Les femmes aiment à suivre la mode de la ville et les hommes ne portent de blouses que pour travailler. Quant à l'alimentation, dans chaque ménage on suit à peu près le même régime, sauf chez les quelques habitants riches. On se nourrit de pain de la plus belle farine de blé, de salé d'oie ou de porc, de légumes, peu de fruits : c'est l'ordinaire des jours ouvrables; mais les dimanches et les jours de fête que l'on observe fidèlement, on se nourrit de volaille ou de viande de boucherie. On boit du vin que l'on récolte dans la localité ; quelques habitants font cependant usage de vins fins du bas Languedoc, du Roussillon ou de l'Espagne.

Le culte catholique est le seul en vénération à Grépiac: les cérémonies religieuses y sont suivies d'une manière scrupuleuse et la pratique de ce culte est dans le goût des habitants. En 1863, dans sa session du mois de novembre, le conseil municipal, reconnaissant l'exiguïté de la vieille église pour contenir les fidèles de la commune, vota un projet de construction d'une nouvelle église. Cette nouvelle église a été construite, presque en totalité, au moyen de ressources en argent et quelques-unes en nature, offertes généreusement par les habitants de Grépiac et surtout par la famille Cluzel. La vieille église, qui datait d'un temps inconnu, a été aliénée et la nouvelle a été livrée au culte en 1872. Cette dernière est un véritable monument dans le style ogival ; mais le clocher est encore dépourvu de sa flèche ; il aura 45 mètres de hauteur. L'église et la paroisse sont sous le vocable de Saint-Martin, le 11 novembre, fête patronale.

ENSEIGNEMENT

Au XVIIe et au XVIIIe siècles, on trouve peu de signatures sur les registres des naissances, des mariages et des sépultures, sauf celle du curé, chargé de tenir ces registres, et des seigneurs du lieu. Sur la fin du siècle dernier, on trouve les signatures de Lamarque, Barliac, Morélis, Mondini, Tournié, Duffaut, Pons, Roquebrune.... habitants de Grépiac. Au commencement de notre siècle, on trouve un plus grand nombre de signatures, sans doute parce qu'on sentait de plus en plus le besoin de s'instruire. Le premier instituteur de la commune est M. Labarbe; il exerçait avant 1831 ; il enseignait à lire, à écrire et à faire les quatre opérations fondamentales de l'arithmétique aux élèves qui fréquentaient son école. En 1831, M. Jalabert (Jean-Arnaud-Hippolyte), né à Fanjeaux, département de l'Aude, le 15 juin 1810, fut autorisé à exercer les fonctions d'instituteur primaire dans la commune de Grépiac par M. le Recteur de l'Académie de Toulouse: cette autorisation est datée du 3 janvier. La commune lui allouait une somme de 60 fr. pour les élèves reçus gratuitement dans son école, et une allocation lui a été attribuée à cet effet tant qu'il a exercé dans la commune, c'est-à-dire jusqu'en 1871.

Après le vote de la loi du 28 juin 1833, portant organisation de l'enseignement primaire, toute commune étant obligatoirement tenue d'entretenir une école primaire, M. Jalabert fut nommé instituteur public de la commune de Grépiac et installé dans ses fonctions le 5 avril 1835 :

« L'an 1835 et le 5 du mois d'avril, nous, membres du comité d'instruction publique de la commune de Grépiac, vu la lettre de M. le sous-préfet de l'arrondissement de Muret, en date du 2 avril courant, qui nous charge de procéder à l'installation de M. Jalabert, nommé instituteur dans notre commune, nous, Duffaut (Antoine), Tournié (Jean), Picquié, prêtre, et Cluzel, maire, soussignés, après avoir reçu dudit Jalabert le serment prescrit, l'avons proclamé instituteur de la commune de Grépiac Et de tout ci-dessus, dressé procès-verbal à la mairie de Grépiac, les jour, mois et an que dessus. »

Signés : « MM. Duffaut, Tournié,
Picquié et Cluzel. »

La commune ne possédait pas de maison pour l'instituteur qui était généreusement logé par un propriétaire de la localité. L'instruction qu'il donnait comprenait : l'instruction morale et religieuse, la lecture, l'écriture, la langue française, le calcul et le système métrique : il a reçu les filles dans son école jusqu'au mois de novembre 1847, époque à laquelle les sœurs de la Croix de Saint-André furent établies par Mlle Vincentine Cluzel, qui, depuis, les entretient à ses frais.

En suite d'une circulaire de M. le préfet en date du 12 février 1837, relative à la fondation d'écoles de filles, le conseil municipal, dans sa session ordinaire de mai suivant, considérant le peu de ressources de la commune, vu que les dépenses indispensables les absorbaient toutes ; considérant en outre le peu d'élèves que pourrait fournir la commune à une institutrice, fut d'avis que rien ne pourrait être affecté pour la fondation d'une école de filles.

En 1839, le conseil municipal allouait à l'instituteur une

somme de 50 fr. par an pour acquitter le prix du loyer de la maison d'école.

Le 8 mai 1840, le conseil municipal votait la construction d'une maison d'école sur un terrain cédé gratuitement à la commune par M. Cluzel, maire: le devis s'élevait à la somme de 3,400 fr. 45. En 1843, cette maison était construite et occupée par M. Jalabert, instituteur. Elle a été restaurée dans l'intérieur en 1879.

Le 1er octobre 1871, M. Doumeng (Jean-Dominique), instituteur actuel, a été installé dans ses fonctions, conformément à l'arrêté préfectoral du 21 septembre précédent, qui l'a nommé instituteur dans cette commune, en remplacement de M. Jalabert, admis à faire valoir ses droits à une pension de retraite.

La maison d'école a deux sorties : une au nord, sur la rue, et une au midi par tolérance, sur une allée qui appartient aux héritiers de M. Cluzel, donateur du sol. Il est à peu près impossible, vu les lieux, de faire une cour, un préau et des privés dont la maison est dépourvue : l'espace manque pour cela. Elle n'a pas non plus de jardin. Elle comprend:

1° Une pièce pour salle d'école de 6m,78 de longueur sur 4m,70 de largeur et 3m,66 de hauteur. La surface est de 32 mètres carrés et son volume de 116 mètres cubes. Cette pièce est à l'aspect du midi et reçoit la lumière par deux fenêtres et un ciel-ouvert. Un courant d'air est établi par une baie à 2m,15 de hauteur et correspondant par son percement au mur du corridor avec l'imposte de la porte extérieure du nord. La salle d'école est planchéiée sur des lambourdes de 7 centimètres d'équarrissage reposant sur un carrelage ;

2° Une chambre à coucher avec cheminée, planchéiée, et au midi, de 4m,95 de longueur sur 4m,70 de largeur. Elle reçoit le jour par deux fenêtres et est très convenable ;

3° Une cuisine de 4m,70 de haut sur 4m,30 de large, percée de deux fenêtres au nord ;

4° Deux alcôves s'ouvrant sur la cuisine, ayant chacune $2^m,70$ de longueur sur $2^m,35$ de largeur. Une alcôve sert de chambre à coucher et l'autre de garde-robe correspondant, par une porte effacée, avec la chambre à coucher ;

5° Un corridor de $12^m,70$ de longueur sur $1^m,78$ de largeur.

6° Une pièce de décharge de forme carrée de $4^m,70$ de côté, ayant deux fenêtres au nord.

Les pièces n°s 3, 4, 5 et 6 sont carrelées et ont une hauteur de $3^m,30$. Toutes les fenêtres ont $1^m,80$ de hauteur et $0^m,90$ de largeur.

La commune ne possède pas de mobilier personnel pour l'instituteur. Le mobilier scolaire est convenable et est composé des objets ci-après, savoir :

1° Une estrade-bureau pour le maître ;

2° Six tables-bancs pour les élèves, dont deux conformes au règlement du 17 juin 1880 ;

3° Dix cartes murales : un planisphère, trois cartes de France, dont une en relief, trois cartes d'Europe, dont une en relief, une carte du département de la Haute-Garonne deux tableaux du système métrique;

4° Huit tableaux de lecture (méthode Henrion) ;

5° Un compendium métrique ;

6° Deux tableaux noirs dont un sur un chevalet ;

7° Une collection de solides géométriques (propriété de l'instituteur actuel) ;

8° Un boulier numérateur ;

9° Quinze fusils de bois, modèle simple, avec râtelier d'armes, 16 sabres-baïonnettes émoussés en fonte et 15 porte sabres en cuir pour les exercices militaires, un fusil modèle Gras et un fanon soie ;

10° Vingt porte-manteaux pour les casquettes des enfants fixés au mur de l'école, face du corridor ;

11° Une pendule d'un genre simple;

12° Un poêle en fonte;

13° Un musée scolaire pour leçons de choses;

14° Une bibliothèque-armoire renfermant 164 volumes ou livres de lecture destinés aux familles; 50 de ces volumes ont été donnés par M. le Ministre et sont entrés le 8 octobre 1879, les autres volumes ont été donnés par le conseil municipal, qui, chaque année, vote une certaine somme pour alimenter la bibliothèque. L'armoire-bibliothèque a été achetée avec le produit d'une souscription faite par M. Doumeng, instituteur, et la bibliothèque s'est trouvée fondée le 21 décembre 1878. En 1884, le nombre de prêts a été de 245.

Tous les ans, la commune vote une certaine somme pour la caisse des écoles; 50 fr. restent à dépenser sur l'exercice 1884 et 50 fr. sont votés sur le budget de 1885. Cet argent est employé à acheter des fournitures de bureau pour les élèves.

L'école a aussi sa caisse d'épargne scolaire, mais peu d'épargnants. Les parents savent cependant épargner et habituer leurs enfants à l'épargne qui se fait dès lors en famille. Il y a quatre livrets de caisse d'épargne postale s'élevant à la somme totale de 111 fr. 48 centimes.

La fréquentation est assez régulière. Quelques enfants sont retenus pendant la moisson pour glaner du blé et, dans le courant de l'année, pour des travaux très pressants ou pour des fêtes de famille. Pendant l'année scolaire 1883-1884, sur 15,879 présences possibles, il y a eu 802 absences. Il y a peu d'illettrés dans Grépiac, et les personnes illettrées ont un certain âge. Depuis dix années environ, tous les conjoints ont signé leurs noms et il n'y a pas eu de conscrits illettrés en 1883. La classe de 1884 compte deux conscrits illettrés sur trois inscrits; mais ces deux conscrits n'habitent Grépiac que depuis deux ans.

Comme maison et comme matériel scolaire, le nécessaire existe à Grépiac. Tout est même convenable. Il manque un jardin pour l'instituteur, et la commune peut s'en procurer un par achat ou par location. Pour que le matériel fût complet, il faudrait un mobilier personnel pour l'instituteur, et pour la classe une collection de tableaux Dayrolles, un globe terrestre et des agrès pour la gymnastique. Vu les lieux, il est impossible de faire une cour, un préau et des privés dont la maison est dépourvue. On ne pourrait faire ces améliorations qu'en construisant une maison d'école sur un nouvel emplacement.

Toulouse. — Imprimerie F. TARDIEU, rue du May, 1.

www.ingramcontent.com/pod-product-compliance
Ingram Content Group UK Ltd.
Pitfield, Milton Keynes, MK11 3LW, UK
UKHW020959220726
13924UKWH00002B/779

9 782019 944209